六國表第三

（索隱曰六國乃魏韓趙楚燕齊并秦凡七國號曰七雄）

史記十五

太史讀秦記（索隱曰即秦國之史記也故下云秦燒詩書諸侯史記尤甚獨有秦記又不載日月是也）至犬戎敗幽王周東徙洛邑秦襄公始封爲諸侯作西畤用事上帝僭端見矣禮曰天子祭天地諸侯祭其域內名山大川今秦雜戎翟之俗先暴戾後仁義位在藩臣而臚於郊祀君子懼焉（索隱曰按臚字訓陳也出爾雅又以言秦是諸侯而陳天子郊祀實僭也猶季氏旅於泰山然○正義曰臚作臚音旅祭名又旅陳也）及文公踰隴攘夷狄尊陳寶營岐雍之間而穆公脩政東竟至河則與齊桓晉文中國侯伯侔矣是後陪臣執政大夫世祿六卿擅晉權征伐會盟威重於諸侯及田常殺簡公而相齊國諸侯晏然弗討海內爭於戰功矣三國終之卒分晉田和亦滅齊而有之六國之盛自此始務在彊兵并敵謀詐用而從衡短長之說起矯稱蠭出誓盟不信雖置質剖符猶不能約束也秦始小國僻遠諸夏賓之比於戎翟至獻公之後常雄諸侯論秦之德義不如魯衛之暴戾者量秦之兵不如三晉之彊也然卒并天下非必險固便形埶利也蓋若天所助焉或曰

東方物所始生西方物之成孰夫作事者必於東南收功實者常於西北故禹興於西羌皇甫謐曰孟子稱禹生石紐西夷人也傳曰禹生自西羌是也。正義曰禹生於茂州汶川縣本冉駹國皆西羌湯起于亳徐廣曰京兆杜縣有亳亭周之王也以豐鎬伐殷秦之帝用雍州興漢之興自蜀漢秦既得意燒天下詩書諸侯史記尤甚爲其有所刺譏也詩書所以復見者多藏人家而史記獨藏周室以故滅惜哉惜哉獨有秦記又不載日月其文略不具然戰國之權變亦有可頗采者何必上古秦取天下多暴然世異變成功大索隱曰以言人君制法當隨時代之異而變易其政則其

成功大若居今行古猶膠柱而調瑟也傳曰法後王何也以其近巳而俗變相類議卑而易行也正義曰易以豉反後王近代之王法與己連接世俗之變及相類也故議卑淺而易識行耳學者牽於所聞見秦在帝位日淺不察其終始因舉而笑之索隱曰舉猶皆也不敢道此與以耳食無異索隱曰按言俗學淺識舉而笑秦此猶耳食不能知味也悲夫余於是因秦記踵春秋之後起周元王索隱曰按此表起周元王元年春秋迄元王八年表六國時事訖二世凡二百七十年著諸所聞興壞之端後有君子以覽觀焉

周
秦
魏獻子
韓宣子
趙簡子
楚
燕
齊

元王元年 徐廣曰乙丑皇甫謐曰元年癸酉二十八年庚子崩 索隱曰元王名仁系本名赤敬王子八年崩子定王介立	二		三	四
厲共公元年 索隱曰悼公子三十四年卒子躁公立	二 蜀人來賂		三	四
衛出公輒後元年 索隱曰二十一年季父黚逐出公而自立爲悼公	晉定公卒 索隱曰系本定公名午		晉出公錯元年 索隱曰系本名鑿	
四十二 索隱曰系家簡子名鞅文子武之孫景叔成之子	四十三 索隱曰按簡子以頃公九年在位頃公十四年卒而	定公立定公四十七年卒是四十三爲簡子在位之年又至出公十七年是在位六十年也	四十四	四十五
楚惠王章十三年 吳伐我 徐廣曰亦會哀公十九年 索隱曰五十七年卒	十四 越圍吳吳怨		十五	十六 越滅吳
燕獻公十七年 索隱曰二十八年卒	十八		十九	二十
齊平公鰲五年 索隱曰二十九年卒	六		七 越人始來	八

五	六	七	八	定王元年 徐廣曰癸酉左傳盡此皇甫謐曰貞定王元年癸亥十年壬申崩 索隱曰定王名介二十八年崩
五 楚人來賂	六 義渠來賂緜諸乞援音義曰一作爰	七 慧星見	八	九
四十六	四十七	四十八 衛莊公飲大夫不解襪公怒即攻公公奔宋	四十九	五十
十七 蔡景侯卒 索隱曰按景字誤合作成侯徐廣不辨即言或作成按景侯即成侯之高祖父	十八 蔡聲侯元年 索隱曰名產成侯之子	十九 王子英奔秦	二十	二十一
二十一	二十二	二十三	二十四	二十五
九 晉知伯瑶來伐我	十	十一	十二	十三

二	三	四	五	六	七	八
十 庶長將兵拔魏城彗星見音義拔一作捕	十一	十二	十三	十四	十五	十六 塹阿旁伐大荔補龐戲城
			知伯伐鄭駟桓子如齊求救	鄭聲公卒 索隱曰聲公名勝獻公子也三十七年卒子哀公易立八年鄭殺哀公立弟丑爲共公也	鄭哀公元年	
五十一	五十二	五十三	五十四 知伯謂簡子欲廢太	五十五 子襄子襄子怨知伯	五十六	五十七
二十二 魯哀公卒 索隱曰系本名蔣	二十三	二十四 魯悼公元年三桓勝魯如小侯 索隱曰系本悼公名寧	二十五	二十六	二十七	二十八
二十六	二十七	二十八	燕孝公元年	二	三	四
十四	十五	十六	十七 救鄭晉師去中行文	十八 子謂田常乃今知以亡	十九	二十

九	十	十一	十二	十三	十四
十七	十八	十九	二十 公將師與緜諸戰	二十一	二十二
				晉哀公忌元年 正義曰表云晉出公錯十八年晉哀公忌二年晉懿公驕十七年而卒世本云昭公生桓子雝雝生忌忌生懿公驕世家云晉出公十七年晉哀公驕十八年而無懿公按出公道死知伯乃立昭公曾孫驕爲晉君是爲哀公哀公大父雍晉昭公少子號戴子生忌忌善智伯早死故智伯欲并晉未敢乃立忌子驕爲君據三處不同未知孰是	衛悼公黚元年
五十八	五十九	六十	襄子元年 未除服登夏屋誘代王以金斗殺代王封伯魯子周爲代成君索隱曰襄子名無恤後四年與韓魏敗智伯晉陽分其地始有三晉也	二	三
二十九	三十	三十一	三十二 蔡聲侯卒	三十三 蔡元侯元年	三十四
五	六	七	八	九	十
二十一	二十二	二十三	二十四	二十五	齊宣公就匝元年

	十五	十六	十七	十八	十九	二十
	二十三	二十四	二十五 晉大夫知開率其邑人來奔	二十六 左庶長城南鄭	二十七	二十八 越人來迎女
		魏桓子敗知伯于晉陽 索隱曰桓子名駒			衛敬公元年	
		韓康子敗知伯晉陽 索隱曰康子名虎				
	四 與智伯分范中行地	五 襄子敗知伯晉陽與魏韓三分其地	六	七	八	九
	三十 五	三十 六	三十 七	三十 八	三十九 蔡侯齊元年	四十
	十一	十二	十三	十四	十五	燕成公元年
本作積 索隱曰積平公子立五十一年子康公貸立	二	三	四	五 宋景公卒徐廣曰案左傳景公死至此九十九年 索隱曰系家景公元公子名頭曼又已見十二諸侯表徐廣說誤景公立六十四年卒公子特殺太子自立號昭公與前昭公杵臼相去略九十年知徐誤	六 宋昭公元年	七

二十一	二十二	二十三	二十四	二十五	二十六	二十七	二十八	考王元年 徐廣曰辛丑	二	三	四
二十九 晉大夫知伯寬率其邑人來奔	三十	三十一	三十二	三十三 伐義渠虜其王	三十四 日蝕晝晦星見	秦躁公元年	二 南鄭反	三	四	五	六
											晉幽公柳元年服韓魏
十	十一	十二	十三	十四	十五	十六	十七	十八	十九	二十	二十一
四十一	四十二 楚滅蔡	四十三	四十四 滅杞杞夏之後	四十五	四十六	四十七	四十八	四十九	五十	五十一	五十二
二	三	四	五	六	七	八	九	十	十一	十二	十三
八	九	十	十一	十二	十三	十四	十五	十六	十七	十八	十九

五	六	七	八	九	十	十一	十二	十三	十四	十五	威烈王元年 徐廣曰丙辰 索隱曰名午考王子
七	八 六月雨雪日月蝕	九	十	十一	十二	十三 義渠伐秦侵至渭陽	十四	秦懷公元年 生靈公	二	三	四 庶長鼂殺懷公太子蚤死大臣立太子之子爲靈公
					衛昭公元年						衛悼公亹元年
二十二	二十三	二十四	二十五	二十六	二十七	二十八	二十九	三十	三十一	三十二	三十三 襄子卒
五十三	五十四	五十五	五十六	五十七	楚簡王仲元年 滅莒	二	三 魯悼公卒	四 魯元公元年	五	六	七
十四	十五	十六	燕湣公元年	二	三	四	五	六	七	八	九
二十	二十一	二十二	二十三	二十四	二十五	二十六	二十七	二十八	二十九	三十	三十一

	二	三	四	五	六	七	八	九
	秦靈公元年 生獻公	二	三 作上下時	四	五	六	七 與魏戰少梁	八 城塹河瀕初以君主妻河 索隱曰謂初以此年取他女爲君主君主猶公主也妻河謂嫁之河伯故魏俗猶爲河伯取婦蓋其遺風殊異其事故云初
	魏文侯斯元年 索隱曰生武侯擊	二	三	四	五 魏誅晉幽公立其弟止	六 晉烈公止元年魏城少梁	七	八 復城少梁
	韓武子元年 索隱曰生景侯處	二 鄭幽公元年韓殺之	三 鄭立幽公子爲繻公元年	四	五	六	七	八
	趙桓子元年 索隱曰桓子嘉襄子弟也元年卒明年國人共立襄子子獻侯晚	趙獻侯元年	二	三	四	五	六	七
	八	九	十	十一	十二	十三	十四	十五
	十	十一	十二	十三	十四	十五	十六	十七
	三十二	三十三	三十四	三十五	三十六	三十七	三十八	三十九

十	十一	十二	十三	十四	十五	十六	十七
九	十補龐城城籍姑靈公卒立其季父悼子是為簡公 索隱曰按龐及籍姑皆城邑之名補者修也謂修龐而城籍姑也	秦簡公元年	二與晉戰敗鄭下	三	四	五日蝕	六初令吏帶劍
九	十	十一衛慎公元年	十二	十三公子擊圍繁龐出其民	十四	十五	十六伐秦築臨晉元里
九	十	十一	十二	十三	十四	十五	十六
八	九	十中山武公初立 徐廣曰周定王之孫西周桓公之子	十一	十二	十三城平邑	十四	十五
十六	十七	十八	十九	二十	二十一	二十二	二十三
十八	十九	二十	二十一	二十二	二十三	二十四	二十五
四十	四十一	四十二	四十三伐晉敗黃城圍陽狐	四十四伐魯莒及安陽	四十五伐魯取都 徐廣曰世家云取一城	四十六	四十七

十八	十九	二十	二十一	二十二	二十三 九鼎震	二十四
七 塹洛城重泉初租禾	八	九	十	十一	十二	十三
十七 擊宋中山伐秦至鄭還築洛陽徐廣曰一云擊宋中山置合陽世家云攻秦至鄭而還築洛陽合陽	十八 文侯受經子夏過段干木之閭常式	十九	二十 卜相李克翟黃爭	二十一	二十二 初爲侯	二十三
韓景侯虔元年伐鄭取雍丘鄭城京	二 鄭敗韓于負黍	三	四	五	六 初爲侯	七
趙烈侯籍元年魏使太子伐中山	二	三	四	五	六 初爲侯	七 烈侯好音欲賜歌者田徐越侍以仁義乃止
二十四 簡王卒	楚聲王當元年魯穆公元年	二	三	四	五 魏韓趙始列爲諸侯	六 盜殺聲王
二十六	二十七	二十八	二十九	三十	三十一	燕釐公元年
四十八 取魯郕	四十九 與鄭會于西城伐衛取毋丘	五十	五十一 田會以廩丘反	齊康公貸元年	二 宋悼公元年	三

安王元年 徐廣曰庚辰	二	三 王子定奔晉	四	五	六	七	八
十四 伐魏至陽狐	十五	秦惠公元年 索隱曰簡公子史無名	二	三 日蝕	四	五 伐緜	六
二十四 伐秦至陽狐	二十五 太子罃生	二十六 虢山崩壅河	二十七	二十八	二十九	三十	三十一
八	九 鄭圍陽翟	韓列侯元年 索隱曰名取系本作武侯也	二 鄭殺其相駟子陽	三 鄭人殺君三月盜殺韓相俠累徐廣曰一作法其	四 鄭相子陽之徒殺其君繻公	五 鄭康公元年	六 救魯鄭負黍反
八	九	趙武公元年	二	三	四	五	六
楚悼王類元年	二 三晉來伐我至乘丘	三 歸榆關于鄭	四 敗鄭師圍鄭鄭人殺子陽	五	六	七	八
二	三	四	五	六	七	八	九
四	五	六	七	八	九	十 宋休公元年	十一 伐魯取最

周	秦	魏	韓	趙	楚	燕	齊
九	七	三十二 伐鄭城酸棗	七	七	九 韓伐我負黍	十	十二
十	八	三十三 晉孝公傾元年	八	八	十	十一	十三
十一	九 伐韓宜陽取六邑	三十四	九 秦伐宜陽取六邑	九	十一	十二	十四
十二	十 與晉戰武城縣陝	三十五 齊伐取襄陽	十	十	十二	十三	十五 魯敗我平陸
十三	十一 太子生	三十六 秦侵晉	十一	十一	十三	十四	十六 與晉衛會濁澤
十四	十二	三十七	十二	十二	十四	十五	十七
十五	十三 蜀取我南鄭	三十八	十三	十三	十五	十六	十八
十六	秦出公元年 索隱曰惠公子	魏武侯元年 襲邯鄲敗焉 索隱曰武侯名擊	韓文侯元年	趙敬侯元年 武公子朝作亂奔魏	十六	十七	十九 田常曾孫田和始列為諸侯遷康公海上食一城 索隱曰和田常曾孫亦號太公

十七	十八	十九	二十	二十一	二十二	二十三	二十四
二 庶長改迎靈公太子立爲獻公誅出公	秦獻公元年 索隱曰名師隰靈公太子	二 城櫟陽	三 日蝕晝晦	四 孝公生	五	六 初縣蒲藍田善明氏	七
二 城安邑王垣	三	四	五	六	七 伐齊至桑丘	八	九 翟敗我澮伐齊至靈丘
二 伐鄭取陽城伐宋到彭城執宋君	三	四	五	六	七 伐齊至桑丘鄭敗晉	八	九 伐齊至靈丘
二	三	四 魏敗我兔臺 索隱曰兔音吐故反亦作菟	五	六	七 伐齊至桑丘	八 襲衛不克	九 伐齊至靈丘
十七	十八	十九	二十	二十一	楚肅王臧元年	二	三
十八	十九	二十	二十一	二十二	二十三	二十四	二十五
二十 伐魯破之 田和卒	二十一 田和子桓公午立	二十二	二十三	二十四	二十五 伐燕取桑丘	二十六 康公卒田氏遂并齊而有之太公望之後絕祀	齊威王因齊元年 自田常至威王威王始以齊彊天下

二十五	二十六	烈王元年徐廣曰丙午	二	三	四	五	六 徐廣曰齊威王朝周
八	九	十 日蝕	十一 縣櫟陽	十二	十三	十四	十五
十 晉靜公俱酒元年	十一 魏韓趙滅晉絕無後	十二	十三	十四	十五 衛聲公元年敗趙北藺	十六 伐楚取魯陽	惠王元年
十	十一 韓哀侯元年分晉國	二 滅鄭康公二十年滅無後	三	四	五	六 韓嚴殺其君	壯侯元年索隱曰系家作佑懿侯系本無名
十	十一 分晉國	十二	趙成侯元年	二	三 伐衛取都鄙七十三魏敗我藺	四	五 伐齊于甄魏敗我懷
四 蜀伐我茲方	五	六 魯共公元年	七	八	九	十 魏取我魯陽	十一
二十六	二十七	二十八	二十九	三十 敗齊林孤	燕桓公元年	二	三
二	三 三晉滅其君	四	五	六 魯伐入陽關晉伐到鱄陵 索隱曰劉氏鱄音屬沈反又音專	七 宋辟公元年 索隱曰辟音壁辟公名辟兵生剔成按宋後微弱君薨未必有謚辟兵其名也猶剔成然也	八	九 趙伐我甄

七	顯王元年徐廣曰癸丑	二	三	四	五 賀秦	六	七	八
十六 民大疫 日蝕	十七 櫟陽雨金 四月至八月	十八	十九 敗韓魏洛陽	二十	二十一 章蟜徐廣曰一云車騎與晉戰石門天子賀徐廣曰一作阿斬首六萬	二十二	二十三 與魏戰少梁虜其太子	秦孝公元年 彗星見西方
二 敗韓馬陵	三 齊伐我觀津	四	五 與韓會宅陽 城武都	六 伐宋敗儀臺	七	八	九 與秦戰少梁虜我太子	十 取趙皮牢 衛成侯元年
二 魏敗我馬陵	三	四	五	六	七	八	九 魏敗我于澮大雨一月	十
六 魏敗我澮澤 圍惠王	七 侵齊至長城	八	九	十	十一	十二	十三 魏敗我于澮	十四
楚宣王良夫元年	二	三	四	五	六	七	八	九
四	五	六	七	八	九	十	十一	燕文公元年
十 宋剔成元年	十一 伐魏取觀 趙取我長城	十二	十三	十四	十五	十六	十七	十八

	九 致胙于秦徐廣曰紀年東周惠公傑薨	十	十一	十二	十三	十四	十五
	二 天子致胙	三	四	五	六	七 與魏王會杜平	八 與魏戰元里斬首七千取少梁
	十一	十二 星晝墮有聲	十三	十四 與趙會鄗	十五 魯衛宋鄭侯來徐廣曰紀年一曰魯共侯來朝邯鄲成侯會燕成侯平安邑	十六 徐廣曰與秦孝公會杜平侵宋黃池宋復取之	十七 與秦戰元里秦取我少梁
	十一	十二	韓昭侯元年秦敗我西山	二 宋取我黃池魏取我朱	三	四	五
	十五	十六	十七	十八 趙孟如齊	十九 與燕會河與齊宋會平陸	二十	二十一 魏圍我邯鄲
	十	十一	十二	十三 君尹黑迎女秦	十四	十五	十六
	二	三	四	五	六	七	八
	十九	二十	二十一 鄒忌以鼓琴見威王	二十二 封鄒忌為成侯	二十三 與趙會平陸	二十四 與魏會田於郊	二十五

十六	十七	十八	十九	二十	二十一	二十二	二十三
九	十 衛公孫鞅為大良造伐安邑降之	十一 城商塞衛鞅圍固陽降之	十二 初取小邑為三十一縣令為田開仟陌	十三 初為有秩史	十四 初為賦	十五	十六
十八 邯鄲降齊敗桂陵	十九 諸侯圍我襄陵築長城塞固陽	二十 歸趙邯鄲	二十一 與秦遇彤 索隱曰彤地名商君死彤地劉氏云阡陌道非也	二十二	二十三	二十四	二十五
六 伐東周取陵觀廩丘	七	八 申不害相	九	十 韓姬弑其君悼公 索隱曰姬一作玘同音怡韓之大夫姓名按韓無悼公未詳	十一 昭侯如秦	十二	十三
二十二 魏敗邯鄲	二十三	二十四 魏歸邯鄲與魏盟漳水上	二十五	趙肅侯元年 索隱曰名語	二	三 公子范襲邯鄲不勝死	四
十七	十八 魯康公元年	十九	二十	二十一	二十二	二十三	二十四
九	十	十一	十二	十三	十四	十五	十六
二十六 敗魏桂陵	二十七	二十八	二十九	三十	三十一	三十二	三十三 殺其大夫牟辛

二十四	二十五 諸侯會	二十六 致伯秦	二十七	二十八		二十九	三十
十七	十八	十九 城武城從東方牡丘來歸天子致伯	二十 諸侯畢賀會諸侯于澤朝天子 徐廣曰紀年作逢澤	二十一	馬生人	二十二 封大良造商鞅	二十三 與晉戰岸門
二十六	二十七 丹封名會 丹魏大臣	二十八	二十九 中山君為相	三十	齊虜我太子申殺將軍龐涓	三十一 秦商君伐我虜我公子卬	三十二 公子赫為太子
十四	十五	十六	十七	十八		十九	二十
五	六	七	八	九		十	十一
二十五	二十六	二十七 魯景公偃元年	二十八	二十九		三十	楚威王熊商元年
十七	十八	十九	二十	二十一		二十二	二十三
三十四	三十五 田忌襲齊不勝	三十六	齊宣王辟彊元年	二	敗魏馬陵田忌田嬰田盼將孫子為帥 徐廣曰楚世家云田盼者齊之將而齊世家不說田盼或者爾時三人皆出征	三 與趙會伐魏	四

三十一	二十四 秦大荔圍合陽孝公薨商君反死彤地	三十三 衛鞅亡歸我我恐弗內	二十一	十二	二	二十四	五
三十二	秦惠文王元年 楚韓趙蜀人來	三十四	二十二 申不害卒	十三	三	二十五	六
三十三 賀秦	二 天子賀行錢宋太丘社亡	三十五 孟子來王問利國對曰君不可言利	二十三	十四	四	二十六	七 與魏會平河南
三十四	三 王冠拔韓宜陽	三十六	二十四 秦拔我宜陽	十五	五	二十七	八 與魏會於甄
三十五	四 天子致文武胙魏夫人來	魏襄王元年 與諸侯會徐州以相王	二十五 旱作高門屈宜臼曰昭侯不出此門	十六	六	二十八 蘇秦說燕	九 與魏會徐州諸侯相王
三十六	五 陰晉人犀首為大良造	二 秦敗我彫陰	二十六 高門成昭侯卒不出此門	十七	七 圍齊於徐州	二十九	十 楚圍我徐州
三十七	六 魏以陰晉為和命曰寧秦 徐廣曰今之華陰	三 伐趙衛平侯元年	韓宣惠王元年	十八 齊魏伐我我決河水浸之	八	燕易王元年	十一 與魏伐趙
三十八	七 義渠內亂庶長操將兵定之	四	二	十九	九	二	十二

三十九	四十	四十一	四十二	四十三	四十四	四十五	四十六
八 魏入少梁河西地于秦	九 度河取汾陰皮氏圍焦降之與魏會應	十 張儀相公子桑圍蒲陽降之魏納上郡	十一 義渠君為臣歸魏焦曲沃	十二 初臘會龍門	十三 四月戊午魏君為王	相張儀將兵取陝初更元年	二 相張儀與齊楚會齧桑
五 與秦河西地少梁秦圍我焦曲沃	六 與秦會雍秦取汾陰皮氏	七 入上郡于秦	八 秦歸我焦曲沃	九	十	十一 衛嗣君元年	十二
三	四	五	六	七	八 魏敗我韓舉	九	十 君為王
二十	二十一	二十二	二十三	二十四	趙武靈王元年 魏敗我趙護	二 城鄗	三
十	十一 魏敗我陘山	楚懷王槐元年	二	三	四	五	六 敗魏襄陵
三	四	五	六	七	八	九	十 君為王
十三	十四	十五 宋君偃元年	十六	十七	十八	十九	齊湣王元年

四十七	四十八	愼靚王元年 徐廣曰辛丑	二	三	四	五	六
三 張儀免相相魏	四	五 王北遊戎地至河上	六	七 五國共擊秦不勝而還	八 與韓趙戰斬首八萬	九 擊蜀滅之取趙中都西陽安邑	十
十三 秦取曲沃平周女化爲丈夫	十四	十五	十六	魏哀王元年 擊秦不勝	二 齊敗我觀津	三	四
十一	十二	十三	十四 秦來擊我取鄢	十五 擊秦不勝	十六 秦敗我脩魚得韓將軍申差	十七	十八
四 韓會區鼠	五 取韓女爲夫人	六	七	八 擊秦不勝	九 與韓魏擊秦齊敗我觀澤	十 秦取我中都西陽安邑	十一 秦敗我將軍英
七	八	九	十 城廣陵	十一 擊秦不勝	十二	十三	十四
十一	十二	燕噲王元年	二	三 擊秦不勝	四	五 君讓其臣子之國顧爲臣	六
二	三 封田嬰於薛	四 迎婦于秦	五	六	七 敗魏趙觀澤	八	九

周赧王元年徐廣曰丁未 索隱曰赧音泥簡反宋衷曰赧謚也皇甫謐云名誕也	二	三	四	五
十一侵義渠得二十五城	十二樗里子擊藺陽虜趙將公子繇通封蜀 索隱曰繇音由秦之公子	十三庶長章擊楚斬首八萬	十四蜀相殺蜀侯	秦武王元年誅蜀相壯張儀魏章皆死於魏
五秦拔我曲沃歸其人走犀首岸門	六秦來立公子政爲太子與秦王會臨晉	七擊齊虜声子於濮與秦擊燕	八圍衛	九與秦會臨晉
十九	二十	二十一秦助我攻楚圍景座	韓襄王元年	二
十二徐廣曰紀年云立燕公子職	十三秦拔我藺虜將趙莊	十四	十五	十六吳廣入女生子阿立爲惠王后
十五魯平公元年	十六張儀來相	十七秦敗我將屈丐 索隱曰丐音蓋楚大夫	十八	十九
七君及太子噲子之皆死	八	九燕人共立公子平	燕昭王元年	二
十	十一	十二	十三	十四

六	七	八	九	十	十一	十二	十三
二 初置丞相樗里子甘茂爲丞相	三	四 拔宜陽城斬首六萬涉河城武遂	秦昭王元年	二 彗星見桑君爲亂誅	三	四 彗星見	五
十 張儀死	十一 與秦會應徐廣曰在潁川大城	十二 太子往朝秦	十三 秦擊皮氏未拔而解	十四 秦武王后來歸	十五	十六 秦拔我蒲坂晉陽封陵	十七 與秦會臨晉復我蒲坂
三	四 與秦會臨晉秦擊我宜陽	五 秦拔我宜陽斬首六萬	六 秦復與我武遂	七	八	九 秦取武遂	十 太子嬰與秦王會臨晉因至咸陽而歸
十七	十八	十九 初胡服	二十	二十一	二十二	二十三	二十四
二十	二十一	二十二	二十三	二十四 秦來迎婦	二十五 與秦王會黃棘秦復歸我上庸	二十六 太子質秦	二十七
三	四	五	六	七	八	九	十
十五	十六	十七	十八	十九	二十	二十一	二十二

十四	十五	十六	十七	十八	十九	二十
六 蜀反司馬錯往誅蜀守煇定蜀日蝕晝晦伐楚	七 樗里疾卒擊楚斬首三萬魏冉爲相	八 楚王來因留之	九	十 楚懷王亡之趙趙弗內	十一 彗星見復與魏封陵	十二 樓緩免穰侯魏冉爲丞相
十八 與秦擊楚	十九	二十 與齊王會於韓	二十一 與齊魏共擊秦於函谷河渭絕一日	二十二	二十三	魏昭王元年 秦尉錯來擊我襄城
十一 秦取我穰與秦擊楚	十二	十三 齊魏王來立咎爲太子	十四 與齊魏共擊秦	十五	十六 與齊魏擊秦秦與我武遂和	韓釐王咎元年
二十五 趙攻中山惠后卒	二十六	二十七	趙惠文王元年 以公子勝爲相封平原君	二 楚懷王亡來弗內	三	四 圍殺主父與齊燕共滅中山
二十八 秦韓魏齊敗我將軍唐眛於重丘	二十九 秦取我襄城殺景缺	三十 王入秦秦取我八城	楚頃襄王元年 秦敗我十六城	二	三 懷王卒於秦來歸葬	四 魯文侯元年徐廣曰一作湣
十一	十二	十三	十四	十五	十六	十七
二十三 與秦擊楚公子將大有功	二十四 秦使涇陽君來爲質	二十五 涇陽君復歸秦薛文入相秦	二十六 與魏韓共擊秦孟嘗君歸相齊	二十七	二十八	二十九 佐趙滅中山

二十一	二十二	二十三	二十四	二十五	二十六	二十七	二十八	二十九
十三 任鄙爲漢中守	十四 白起擊伊闕斬首二十四万	十五 魏冄免相	十六	十七 魏入河東四百里	十八 客卿錯擊魏至軹取城大小六十一	十九 十月爲帝十二月復爲王任鄙卒	二十	二十一 魏納安邑及河内
二 與秦戰解不利	三 佐韓擊秦秦敗我兵伊闕	四	五	六 芒卯以詐見重	七 秦擊我取城大小六十一	八	九 秦拔我新垣曲陽之城	十 宋王死我温
二	三 秦敗我伊闕二十四萬虜將喜	四	五 秦拔我宛城	六 與秦武遂地方二百里	七	八	九	十 秦敗我兵夏山
五	六	七 迎婦秦	八	九	十	十一 秦拔我桂陽徐廣曰一作梗	十二	十三
五	六	七	八	九	十	十一	十二	十三
十八	十九	二十	二十一	二十二	二十三	二十四	二十五	二十六
三十 田甲劫王相薛文走	三十一	三十二	三十三	三十四	三十五	三十六 爲東帝二月復爲王	三十七	三十八 齊滅宋

三十	三十一	三十二	三十三	三十四	三十五	三十六	三十七
二十二蒙武擊齊	二十三尉斯離與韓魏燕趙共擊齊破之	二十四	二十五	二十六魏冉復爲丞相	二十七擊趙斬首二萬地動壞城	二十八	二十九白起擊楚拔郢更東至竟陵以爲南郡
十一	十二與秦擊齊濟西與秦王會西周	十三秦拔我安城兵至大梁而還	十四大水衛懷君元年	十五	十六	十七	十八
十一	十二與秦擊齊濟西與秦王會西周	十三	十四與秦會兩周間	十五	十六	十七	十八
十四與秦會中陽	十五取齊淮北	十六與秦王會穰	十七秦拔我兩城	十八秦拔我石城	十九秦敗我軍斬首三萬	二十與秦會黽池藺相如從	二十一
十四與秦會宛	十五取齊淮北	十六	十七	十八	十九秦擊我與秦漢及上庸地	二十秦拔鄢西陵	二十一秦拔我郢燒夷陵王亡走陳
二十七	二十八與秦三晉擊齊燕獨入至臨菑取其寶器	二十九	三十	三十一	三十二	三十三	燕惠王元年
三十九秦拔我列城九	四十五國共擊湣王王走莒	齊襄王法章元年	二	三	四	五殺燕騎劫	六

	三十八	三十九	四十	四十一	四十二	四十三	四十四
	三十 白起封為武安君	三十一	三十二	三十三	三十四 白起擊魏華陽軍芒卯走得三晉將斬首十五萬	三十五	三十六
	十九	魏安釐王元年 秦拔我南城封弟公子無忌為信陵君	二 秦拔我兩城軍大梁城韓來救與秦溫以和	三 秦拔我四城斬首四萬	四 與秦南陽以和	五 擊燕	六
	十九	二十	二十一 暴鳶救魏為秦所敗走開封	二十二	二十三	韓桓惠王元年	二
	二十二	二十三	二十四	二十五	二十六	二十七	二十八 藺相如攻齊至平邑
	二十二 秦拔我巫黔中	二十三 秦所拔我江旁反秦	二十四	二十五	二十六	二十七 擊燕魯頃公元年	二十八
	二	三	四	五	六	七	燕武成王元年
	七	八	九	十	十一	十二	十三

四十五	三十七	七	三	二十九 秦拔我閼與趙奢將擊秦大敗之賜號曰馬服	二十九	二	十四 秦楚擊我剛壽
四十六	三十八	八	四	三十 秦擊我閼與城不拔	三十	三	十五
四十七	三十九	九 秦拔我懷城	五	三十一	三十一	四	十六
四十八	四十 太子質於魏者死歸葬芷陽	十	六	三十二	三十二	五	十七
四十九	四十一	十一 秦拔我廩丘 徐廣曰或作邢丘	七	三十三	三十三	六	十八
五十	四十二 宣太后薨安國君為太子	十二	八	趙孝成王元年 秦拔我三城 平原君相	三十四	七 齊田單拔中陽	十九
五十一	四十三	十三	九 秦拔我城汾旁	二	三十五	八	齊王建元年
五十二	四十四 秦攻韓取南陽 徐廣曰一作郡	十四	十 秦擊我太行	三	三十六	九	二

五十三	五十四	五十五	五十六	五十七	五十八	五十九		
四十五秦攻韓取十城	四十六王之南鄭	四十七白起殺趙長平殺卒四十五萬	四十八	四十九	五十王齕鄭安平圍邯鄲及齕還軍拔新中	五十一徐廣曰乙巳赧王卒	五十二取西周王徐廣曰丙午王稽棄市	五十三
十五	十六	十七	十八	十九	二十公子無忌救邯鄲秦兵解去	二十一韓魏楚救趙新中秦兵罷	二十二	二十三
十一	十二	十三	十四	十五	十六	十七	十八	十九
四	五使廉頗距秦於長平	六使趙括代廉頗將白起破括四十五萬	七	八	九秦圍我邯鄲楚魏救我	十	十一	十二
楚考烈王元年秦取我州黃歇為相	二	三	四	五	六春申君救趙	七救趙新中	八取魯魯君封於莒	九
十	十一	十二	十三	十四	燕孝王元年	二	三	燕王喜元年
三	四	五	六	七	八	九	十	十一

五十四	五十五	五十六	秦孝文王元年 徐廣曰辛亥文王后曰華陽后生莊襄王子楚母曰夏太后	秦莊襄王楚元年 徐廣曰王子 蒙驁取城皋滎陽元年初置三川郡呂不韋相取東西周	蒙驁擊趙榆次新城狼孟得三十七城 日蝕	王齮徐廣曰一作齕擊上黨初置太原郡魏公子無忌率五國卻我軍河外蒙驁解去
二十四	二十五 衛元君元年	二十六	二十七	二十八	二十九	三十 無忌率五國兵敗秦軍河外
二十	二十一	二十二	二十三	二十四 秦拔我城皋滎陽	二十五	二十六 秦拔我上黨
十三	十四	十五 平原君卒	十六	十七	十八	十九
十 徙於鉅陽	十一	十二 柱國景伯死	十三	十四 楚滅魯頃公遷下邑為家人絕祀	十五 春申君徙封於吳	十六
二	三	四 伐趙趙破我軍殺栗腹 索隱曰人姓字 燕相	五	六	七	八
十二	十三	十四	十五	十六	十七	十八

始皇帝元年 徐廣曰乙卯 擊取晉陽作鄭國渠	二	三 蒙驁擊韓取十二城王齮死	四 七月蝗蔽天下百姓納粟千石拜爵一級	五 蒙驁取燕酸棗二十城初置東郡	六 五國共擊秦	七 彗星見北方西方夏太后薨蒙驁死	八 嫪毐封長信侯
三十一	三十二	三十三	三十四 信陵君死	魏景湣王元年 秦拔我二十城	二 秦拔我朝歌衛從濮陽徙野王	三 秦拔我汲	四
二十七	二十八	二十九 秦拔我十二城	三十	三十一	三十二	三十三	三十四
二十 秦敗我晉陽	二十一	趙悼襄王偃元年	二 太子從質秦歸	三 趙相魏相會柯盟	四	五	六
十七	十八	十九	二十	二十一	二十二 王東徙壽春命曰郢	二十三	二十四
九	十	十一	十二 趙拔我武遂方城	十三 劇辛死於趙	十四	十五	十六
十九	二十	二十一	二十二	二十三	二十四	二十五	二十六

九 彗星見竟天嫪毐爲亂迁其舍人于蜀彗星復見	十 相國呂不韋免齊趙来置酒太后入咸陽大索	十一 呂不韋之河南王翦擊鄴閼與取九城	十二 發四郡兵助魏擊楚呂不韋卒復嫪毐舍人迁蜀者	十三 桓齮擊平陽殺趙扈輒斬首十萬因東擊趙王之河南彗星見	十四 桓齮定平陽武城宜安韓使非来我殺非韓王請爲臣
五	六	七	八 秦助我擊楚	九	十
韓王安元年	二	三	四	五	六
七	八 入秦置酒	九 秦拔我閼與鄴取九城	趙王遷元年 徐廣曰幽愍元年	二 秦拔我平陽敗扈輒斬首十萬○索隱曰扈輒人姓字趙將漢別有扈輒也	三 秦拔我宜安
二十五 李園殺春申君	楚幽王悼元年	二	三 秦魏擊我	四	五
十七	十八	十九	二十	二十一	二十二
二十七	二十八 入秦置酒	二十九	三十	三十一	三十二

十五 興軍至鄴軍至太原取狼孟	十六 置麗邑發卒受韓南陽地	十七 內史勝擊得韓王安盡取其地置潁川郡華陽太后薨	十八	十九 王翦拔趙虜王遷之邯鄲帝太后薨	二十 燕太子使荊軻刺王覺之王翦將擊燕	二十一	二十二 王賁擊魏得其王假盡取其地
十一	十二 獻城秦	十三	十四 衛君角元年	十五	魏王假元年	二	三 秦虜王假
七	八 秦來受地	九 秦虜王安	秦滅韓				
四 秦拔我狼孟鄱吾軍鄴。索隱曰鄱音婆又音盤縣名在常山	五 地大動	六	七	八 秦王翦虜王遷邯鄲公子嘉自立為代王	代王嘉元年	二	三
六	七	八	九	十 幽王卒弟郝立為哀王三月負芻殺哀王	楚王負芻元年負芻哀王庶兄	二 秦大破我取十城	三
二十三 太子丹質於秦亡來歸	二十四	二十五	二十六	二十七	二十八 太子丹使荊軻刺秦王秦伐我	二十九 秦拔我薊得太子丹王徙遼東	三十
三十三	三十四	三十五	三十六	三十七	三十八	三十九	四十

二十三 王翦蒙武擊破楚軍殺其將項燕	二十四 王翦蒙武破楚虜其王負芻	二十五 王賁擊燕虜王喜又擊得代王嘉五月天下大酺	二十六 王賁擊齊虜王建初併天下立爲皇帝	二十七 更命河爲德水爲金人十二命民曰黔首同天下書分爲三十六郡	二十八 爲阿房宮之衡山治馳道帝之琅邪道南郡入爲太極廟賜户三十爵一級	二十九 郡縣大索十日帝之琅邪道上黨入	三十
四	五	六 秦將王賁虜王嘉秦滅趙					
四 秦破我將項燕	五 秦虜王負芻	秦滅楚					
三十一	三十二	三十三 秦虜王喜拔遼東	秦滅燕				
四十一	四十二	四十三	四十四 秦虜王建秦滅齊				

三十一	更命臘曰嘉平賜黔首里六石米二羊以嘉平大索二十日
三十二	帝之碣石道上郡入
三十三	遣諸逋亡及賈人贅壻略取陸梁爲桂林南海象郡以適戍西北戎爲四十四縣徐廣曰一云四十四縣是也又云二十四縣築長城河上蒙恬將三十萬
三十四	適治獄吏不直者築長城及南方越地覆獄故失
三十五	爲直道道九原通甘泉
三十六	徙民於北河榆中耐徙三處徐廣曰一作家拜爵一級石晝下東郡有文言地分
三十七	十月帝之會稽琅邪還至沙丘崩子胡亥立爲二世皇帝殺蒙恬道九原入復行錢
二世元年	十月戊寅大赦罪人十一月爲兔園十二月就阿房宮其九月郡縣皆反楚兵至戲章邯擊卻之出衛君角爲庶人
二	將軍章邯長史司馬欣都尉董翳追楚兵至河誅丞相斯去疾將軍馮劫
三	趙高反二世自殺高立二世兄子嬰子嬰立刺殺高夷三族諸侯入秦嬰降爲項羽所殺尋誅羽天下屬漢

索隱述贊曰春秋之後王室益卑楚疆南服秦霸西垂三卿分晉八代興嬀遂主盟

會亞為雄雌二周前滅六國後隳壯哉嬴氏吞并若斯

六國表第三　　史記十五

秦楚之際月表第四

（索隱曰張晏云時天下未定參錯變易不可以年記故列其月今案秦楚之際擾攘僭篡運數又促故以月紀事而名表也）

太史公讀秦楚之際曰初作難發於陳涉虐戾滅秦自項氏撥亂誅暴平定海內卒踐帝祚成於漢家五年之閒號令三嬗（音善。索隱曰古禪字音市戰反三嬗謂陳涉項氏漢高祖也）自生民以來未始有受命若斯之亟也（索隱曰音己力反亟訓急也）昔虞夏之興積善累功數十年德洽百姓攝行政事考之于天（韋昭曰謂舜受禪在璇璣玉衡以齊七政）然後在位湯武之王乃由契后稷脩仁行義十餘世不期而會孟津八百諸侯猶以為未可其後乃放弒（索隱曰案謂湯放桀武王討紂也）秦起襄公章於文繆獻孝之後稍以蠶食六國百有餘載至始皇乃能并冠帶之倫以德若彼（索隱曰即契后稷及秦襄公文公穆公也）用力如此（索隱曰謂湯武及始皇也）蓋一統若斯之難也秦既稱帝患兵革不休以有諸侯也於是無尺土之封墮壞名城銷鋒鏑（徐廣曰一作鍉。索隱曰鏑音的注鍉字亦音的案秦銷鋒鏑作金人十二以弱天下之兵也）鉏豪桀維萬世之安（索隱曰維訓度謂計度令萬代安也）然王跡之興起於閭巷合從討伐軼於三代鄉秦之禁適足以資賢者為驅除難耳（索隱曰鄉音向許亮反謂秦前時之禁兵及不封樹諸侯）

適足以資賢者即高帝也言爲之驅除患難也故憤發其所爲天下雄索隱曰指漢高祖安在無土不王白虎通曰聖人無土不王使舜不遭堯當如夫子老於闕里也此乃傳之所謂大聖乎索隱曰高祖起布衣卒傳之天位實所謂大聖豈非天哉豈非天哉非大聖孰能當此受命而帝者乎

	七月	八月
秦 二世元年徐廣曰壬辰。正義曰七月陳涉起陳八月武臣起趙九月項梁起吳田儋起齊沛公初起韓廣起燕十二月魏咎起魏陳王立之三年六月韓成起韓項梁立之也		
楚	楚隱王陳涉起兵入秦。索隱曰涉起凡六月盡二世元年十二月也	二 葛嬰爲涉徇九江立襄彊爲楚王。索隱曰涉之二月也
項		
趙		武臣始至邯鄲自立爲趙王始。索隱曰凡四月爲李良所殺當二世元年八月也
齊		
漢		
燕		
魏		
韓		

九月 楚兵至戲	二年十月	十一月	十二月
三 周文兵至戲敗而陳嬰聞涉王即殺彊	四 誅葛嬰	五 周文死	六 陳涉死
項梁號武信君。索隱曰二世元年九月立至二年九月章邯殺梁於定陶	二	三	四
二	三	四 李良殺武臣張耳陳餘走	五
齊王田儋始儋狄人諸田宗彊從弟榮弟橫。索隱曰至二世二年六月章邯殺儋	二 儋之起殺狄令自王	三	四
沛公初起。索隱曰凡十四月懷王封沛公爲武安侯將碭郡兵	二 擊胡陵方與破秦監軍	三 殺泗水守徐廣曰泗水屬東海拔薛西周市東略地豐沛間	四 雍齒叛沛公以豐降魏沛公還攻豐不能下
韓廣爲趙略地至薊自立爲燕王始。索隱曰項羽後分燕爲二。臧荼爲燕王廣爲遼東王後韓信殺廣	二	三	四
魏王咎始咎在陳不得歸國徐廣曰魏咎曹咎字皆作咎音臼。索隱曰至二世二年六月咎自殺	二	三 齊趙共立周市市不肯曰必立魏咎云	四 咎自陳歸立陳涉死

端月 索隱曰二世二年正月也秦諱正謂之端	二月	三月	四月
楚王景駒始秦嘉立之。索隱曰八月項梁殺之	二 嘉爲上將軍	三	四 梁擊殺景駒秦嘉遂入薛兵十餘萬衆
五 涉將召平矯拜項梁爲楚柱國急西擊秦	六 梁渡江陳嬰黥布皆屬	七	八
趙王歇始立張耳陳餘立之。索隱曰項羽立爲代王後漢滅歇立張耳	二	三	四
五 讓景駒以擅自王不請我	六 景駒使公孫慶讓齊誅慶	七	八
五 沛公聞景駒王在留往從與擊秦軍碭西徐廣曰一作蕭	六 攻下碭收得兵六千與故凡九千人	七 攻拔下邑遂擊豐豐不拔聞項梁兵衆往請擊豐	八 沛公如薛見項梁梁益沛公卒五千擊豐拔之
五	六	七	八
五 章邯已破涉圍咎臨濟	六	七	八 臨濟急周市如齊楚請救

五月	六月	七月	八月
五	楚懷王始都盱台故懷王孫梁立之。索隱曰懷王孫名心也項梁與諸侯尊爲義帝羽殺之	二 陳嬰爲柱國	三
九	十 梁求楚懷王孫得之民間立爲楚王	十一 天大雨三月不見星	十二 救東阿破秦軍乘勝至定陶項梁有驕色
五	六	七	八
九	十 儋救臨濟章邯殺田儋榮走東阿	十一 齊立田假爲王秦急圍榮東阿	十二 楚救榮得解歸逐田假立儋子市爲齊王始
九 雍齒奔魏	十 沛公如薛共立楚懷王	十一 沛公與項羽北救東阿破秦軍濮陽東屠城陽	十二 沛公與項羽西略地斬三川守李由於雍丘
九	十	十一	十二
九	十 咎自殺臨濟降秦	十一 咎弟豹走東阿	十二
	韓王成始。索隱曰項羽更王之不使就封數月殺之立鄭昌爲韓王降漢漢封韓信爲王	二	三

九月	後九月 徐廣曰應閏建酉	三年十月	十一月	十二月
四 從都彭城	五 拜宋義爲上將軍	六	七 拜籍上將軍	八
十三 章邯破殺項梁於定陶項羽恐還軍彭城	懷王封項羽於魯爲次將屬宋義北救趙	二	三 羽矯殺宋義將其兵渡河救鉅鹿	四 大破秦軍鉅鹿下諸侯將皆屬項羽
九	十 秦軍圍歇鉅鹿陳餘出救兵	十一 章邯失邯鄲徙其民於河內	十二	十三 楚救至秦圍解
二 田假走楚楚趣齊救趙田榮以假故不肯	三 齊救假乃出兵項羽怒田榮	四 齊將田都叛榮往助項羽救趙	五	六 故齊王建孫田安下濟北從項羽救趙
十三 沛公聞項梁死還軍從懷王軍於碭	十四 懷王封沛公爲武安侯將碭郡兵西約先至咸陽王之	十五 攻破東郡尉及王離軍於武城南	十六	十七 救趙至栗得皇訢武蒲軍與秦軍戰破之
十三	十四	十五 使將臧荼救趙	十六	十七
魏豹自立爲魏王都平陽始	二	三	四	五 豹救趙
四	五	六 從項羽略入關	七	八 分魏爲殷國

端月	九	五 虜秦將王離	十四 張耳怒陳餘弃將印去	七 項羽田榮分齊為二國	十八	十八	六	九
二月	十	六 攻破章邯章邯軍却	十五	八	十九 得彭越軍昌邑襲陳留用酈食其策軍得積粟	十九	七	十
三月	十一	七	十六	九	二十 攻開封破秦將楊熊熊走滎陽秦斬熊以徇	二十	八 分韓為河南國	十一
四月	十二	八 楚急攻章邯章邯恐使長史欣歸秦請兵趙高讓之	十七	十	二十一 攻潁陽略韓地北絕河津	二十一	九	十二
五月	二年一月	九 趙高欲誅欣欣恐亡走告章邯謀叛秦	十八	十一	二十二	二十二	十	十三

六月	七月	八月 趙高殺二世	九月 子嬰為王徐廣曰歲在乙未
二	三	四	五
十 章邯與楚約降未定項羽許而擊之	十一 項羽與章邯期殷虛章邯等已降與盟以邯為雍王	十二 以秦降都尉翳長史欣為上將將秦降軍	十三
十九 張耳從楚西入秦	二十	二十一 趙王歇留國陳餘、亡居南皮	二十二
十二	十三	十四	十五
二十三 攻南陽守齮破之陽城郭東徐廣曰陽城在南陽	二十四 降下南陽封其守齮	二十五 攻武關破之	二十六 攻下嶢及藍田以留侯策不戰皆降
二十三	二十四	二十五	二十六
十一	十二	十三	十四
十四	十五 申陽下河南降楚	十六	十七

十月	十一月	十二月
六	七	八
十四 項羽將諸侯兵四十餘萬行略地西至於河南	十五 羽詐坑殺秦降卒二十萬人於新安	十六 至關中誅秦王子嬰屠燒咸陽分天下立諸侯
二十三 張耳從楚西入秦	二十四	二十五 分趙為代國
十六	十七	十八 項羽怨榮殺之分齊為三國。索隱曰臨淄濟北膠東
二十七 漢元年秦王子嬰降沛公入破咸陽平秦還軍霸上待諸侯約	二十八 沛公出令三軍秦民大悅	二十九 與項羽有郄見之戲下講解羽倍約分關中為四國。索隱曰漢雍塞翟
二十七	二十八	二十九 臧荼從入分燕為二國。索隱曰燕遼東也
十五 從項羽略地遂入關	十六	十七 分魏為殷國
十八	十九	二十 分韓為河南國

義帝元年
九 諸侯尊懷王為義帝
十七 項籍自立為西楚霸王
分楚為四 分為衡山
分為臨江
分為九江
二十六 更名為常山
分為代
十九 更名為臨菑
分為濟北
分為膠東
正月 分關中為漢
分關中為雍
分關中為塞
分關中為翟
三十 燕
分為遼東
十八 更為西魏
分為殷
二十一 韓
分為河南

二徙都江南郴

西楚主伯項籍始爲天下主命立十八王

索隱曰高祖及十八諸侯受封之月漢書

王吳芮始故番君

王共敖始故楚柱國

王英布始故楚將

王張耳始故楚將。索隱曰故趙相

二十七王趙歇始故趙王

王田都始故齊將

王田安始故齊將

二十王田市始故齊王

二月漢王始故沛公

王章邯始故秦將

王司馬欣始故秦將。索隱曰故秦長史

王董翳始故秦將。索隱曰故秦都尉

王臧荼始故燕將

三十一王韓廣始故燕王

十九王魏豹始故魏王

王司馬卬始故趙將

二十二王韓成始故韓將。索隱曰故韓

王申陽始故楚將

異姓王表云一月應劭云諸侯王始受封

王

之月十八王同時稱一月以非元正故云

一月高祖十月至霸上改元至此月漢四

三
二都彭城
月也
二都江都。索隱曰漢表云二月應劭云諸侯王始都國之月十八王同時稱
二都郴
二都江陵
二都六
二都襄國
二十八都代
二都臨菑
二都博陽
二十一都即墨
三月都南鄭
二都廢丘
二都櫟陽
二都高奴
二都薊
三十二都無終
二十都平陽。索隱曰後從漢又叛韓信虜之漢四年周苛殺豹也
二都朝歌
二十三都陽翟。索隱曰姚氏云韓成是項梁所立不與十七國封此云十
二都洛陽

二月

八王並項羽所命不細區別又高紀云項羽與成至彭城廢爲侯又殺之是不令就

四

三諸侯罷戲下皆之國

三

三

三

三

二十九索隱曰趙歇前為趙王巳二十六

三

三

二十二

四月

三

三

三

三

三十三

二十一

三

二十四

三

國當以陽翟為都而不之其所封國也

月今徙王代之二月故云二十九月其膠東市之前為齊王十九韓廣魏豹韓成五

人並先爲王巳經多月故因舊月而數

五	六
四	五
四	五
四	五
四	五
四	五
三十	三十一
四田榮擊都都降楚	五齊王田榮始故齊相
四	五
二十三	二十四田榮擊殺市
五月	六月
四	五
四	五
四	五
四	五
三十四	三十五
二十二	二十三
四	五
二十五	二十六
四	五

七	八	九	十項羽滅義帝
六	七	八	九
六	七	八	九
六	七	八	九
六	七	八	九
六	七	八	九耳降漢
三十二	三十三	三十四	三十五歇復王
二	三	四	五
六田榮擊殺安	七屬齊		
屬齊			
七月	八月	九月	十月王至陝徐
六	七邯守廢丘漢圍之	八	九
六	七欣降漢國除	屬漢為河南上郡	
六	七翳降漢國除	屬漢為上郡	
六	七	八	九
三十六	三十七臧荼擊殺廣無終滅之	屬燕	
二十四	二十五	二十六	二十七
六	七	八	九
二十七項羽誅成	二十八韓王鄭昌始項王立之	二	三
六	七	八	九

索隱曰羽使九江王布殺之漢王爲舉哀		
	十	十一
	十	十一
	十	十一
	十	十一
		歇以陳餘爲代王
趙	三十六代王歇還王趙	三十七
	六	七
廣曰弘農陝縣	十一月	十二月
	十漢拔我隴西	十一
	十	十一
	二十八	二十九
	十	十一
	韓王信始漢立之 屬漢爲河南郡	二

	十二
	十二
	十二
	十二
號成安君	二
	三十八
	八項籍擊榮走平原平原民殺之
	正月
	十二漢拔我北城
	十二
	三十
	十二
	三

二年一月	二
二年一月	二
十三	十四
二年一月	二
三	四
三十九	四十
項籍立故齊王田假為齊王	二田榮弟橫
二月	三月王擊邪
二年一月	二
二年一月	二
三十一	三十二降漢
十三	十四降漢邛
四	五

	三項羽以兵三	萬破漢兵五十六萬	四
	三		四
	十五		十六
	三		四
	五		六
	四十一		四十二
反城陽擊假假走楚楚殺假	三齊王田廣始	廣榮子橫立之	二
	四月王伐楚至	彭城懷定	五月王走滎陽
	三		四
	三		四
為廢王	三十三從漢伐	楚	三十四豹歸叛漢
廢	為河内郡屬漢		
	六從漢伐楚		七

五	六		七	八
五	六		七	八
十七	十八		十九	二十
五	六		七	八
七	八		九	十
四十三	四十四		四十五	四十六
三	四		五	六
六月王入關立太子復如滎陽	七月		八月	九月
五漢殺邯廢丘	屬漢為隴	西北屯戍地郡		
五	六		七	八
三十五	三十六		三十七	三十八漢將韓信
八	九		十	十一

九	十	十一	十二
九	十	十一	十二
二十一	二十二	二十三	二十四
九	十	十一	十二布身降漢
十一	十二漢將韓信斬陳餘	十三	屬漢爲太原郡
四十七	四十八漢滅歇立張耳	屬漢爲郡	
七	八	九	十
後九月徐廣曰應閏建巳	二年十月	十一月	十二月
九	十	十一	十二
虜豹屬漢爲河東上黨郡			
十二	二年一月	二	三

三年一月	二	三	四		五	六	七
三年一月	二	三	四		五	六	七
二十五	二十六	二十七	二十八		二十九	三十	三十一王敖薨
地屬項籍							
十一	十二	十三	十四		十五	十六	十七
正月	二月	三月	四月楚圍王	滎陽	五月	六月	王出滎陽徐廣曰項羽
三年一月	二	三	四		五	六	七
四	五	六	七		八	九	十

	八
	八
	臨江王驩始敖子
	十八
高紀七月出滎陽	八月周苛樅公殺魏豹
	八
	十一

九	十	十一漢將韓信破殺龍且
九	十	十一
二	三	四
		趙王張耳始漢立之
十九	二十	二十一漢將韓信擊殺廣
九月	四年十月	十一月
九	十	十一
十二	三年一月	二

十二	四年一月	二	三漢御史周苛入楚	四
十二	四年一月	二	三	四
五	六	七	八	九
二	三	四	五	六
屬漢爲郡		齊王韓信始漢立之	二	三
十二月	正月	二月立信王齊	三月周苛入楚	四月王出滎陽豹死
十二	四年一月	二	三	四
三	四	五	六	七

	五	六	七	八	九
	五	六	七	八	九
	十	十一	十二	十三	十四
			淮南王英布始漢立之	二	三
	七	八	九	十	十一
	四	五	六	七	八
徐廣曰項羽紀曰王出成皋	五月	六月	七月立布爲淮南王	八月	九月太公呂后
	五	六	七	八	九
	八	九	十	十一	十二

	十	十一	十二誅籍
	十	十一	十二
	十五	十六	十七漢虜驩
	四	五	六
	十二	二年一月	二
	九	十	十一
歸自楚	五年十月	十一月	
	十	十一	十二
	四年一月	二	三

齊王韓信徙楚王	二
十三徙王長沙	屬淮南
屬漢爲南郡	
七淮南國	八
三趙國	四
十二徙王楚屬漢南四郡	
正月殺項籍天下平諸侯臣屬漢	二月甲
五年一月燕國	二
復置梁國	一月梁
四韓王信	五徙王
分臨江爲長沙國	衡山王

	三	四	五	六	七
國					
	九	十	十一	十二	二年一月
	五	六	七	八	九耳薨諡景王
午王更號即皇帝位於定陶	三月	四月	五月	六月帝入關	七月
	三	四	五	六	七
王彭越始	二	三	四	五	六
代都馬邑	六	七	八	九	十
吳芮爲長沙王○索隱曰改封也	二	三	四	五	六薨諡文王

八	九王得故項羽將鍾	離昧以聞	十
二	三		四
趙王張敖立耳子	二		三
八月帝自將誅燕	九月		後九月徐廣曰
八	九反漢虜荼。索隱	曰漢書作四年九月誤也	燕王盧綰始漢
七	八		九
十一	十二		五年一月
長沙成王臣始芮子	二		三

應閏建寅
太尉

索隱述贊曰
秦失其鹿　羣雄競逐　狐鳴楚祠
龍興沛谷　武臣自王　魏豹必復
田儋據齊　英布居六　項王主命
義帝見戮　以月繫年　道悠運速
洶洶天下　瞻烏誰屋　眞人霸上
卒享天祿

八十五

秦楚之際月表第四　史記十六

漢興以來諸侯年表第五　史記十七

索隱曰應劭云雖名爲王其實如古之諸侯

太史公曰殷以前尚矣周封五等公侯伯子男然封伯禽康叔於魯衛地各四百里親親之義襃有德也太公於齊兼五侯地尊勤勞也武王成康所封數百而同姓五十五索隱曰案漢書封國八百同姓五十餘顧氏據左傳魏子謂成鱄云武王克商光有天下兄弟之國十有五人姬姓之國四十人是也地上不過百里下三十里以輔衛王室管蔡康叔曹鄭或過或損厲幽之後王室缺侯伯彊國興焉天子微弗能正非德不純形勢弱也索隱曰純善也亦云純一言周王非德不純一形勢弱也漢興序二等韋昭曰漢封功臣大者王小者侯也高祖末年非劉氏而王者若無功上所不置徐廣曰一云非有功上所置而侯者天下共誅之高祖子弟同姓爲王者九國徐廣曰齊楚荊淮南燕趙梁代淮陽○索隱曰徐氏九國不數吳蓋以荊絕乃封吳故也仍以淮陽爲九今案下文所列有十國者以長沙異姓故言九國也唯獨長沙異姓而功臣侯者百有餘人自鴈門太原以東至遼陽韋昭曰遼東陽縣爲燕代國常山以南大行左轉度河濟阿甄以東薄海爲齊趙國自陳以西南至九疑東帶江淮穀泗徐廣曰穀水在沛薄會稽爲梁楚吳淮南長沙國皆外接於胡越而內地北距山以東盡諸侯地大者

或五六郡連城數十置百官宮觀僭於天子漢獨有三河東郡潁川南陽自江陵以西至蜀北自雲中至隴西與內史〔正義曰京兆也〕凡十五郡而公主列侯頗食邑其中何者天下初定骨肉同姓少故廣彊庶孽以鎮撫四海用承衛天子也漢定百年之間親屬益疏諸侯或驕奢忕邪臣計謀爲淫亂〔索隱曰忕音誓忕訓習言習於邪臣之謀計故爾雅云忕循細也細亦訓習〕大者叛逆小者不軌于法以危其命殞身亡國天子觀於上古然後加惠使諸侯得推恩分子弟國邑〔索隱曰案武帝用主父偃言而下推恩之令也〕故齊分爲七〔徐廣曰城陽濟北濟南菑川膠西膠東是分爲七〕

趙分爲六〔徐廣曰河間廣川中山常山清河〕梁分爲五〔徐廣曰濟陽濟川濟東山陽也〕淮南分三〔徐廣曰廬江衡山〕及天子支庶子爲王王子支庶爲侯百有餘焉吳楚時前後諸侯或以適削地〔索隱曰適音宅或作過〕是以燕代無北邊郡吳淮南長沙無南邊郡〔如淳曰長沙之南更置郡燕代以北更置緣邊郡其所有饒利兵馬器械三國皆失之也。正義曰景帝時漢境北至燕代燕代之北未列爲郡吳長沙之國南至嶺南嶺南越未平亦無南邊郡〕齊趙梁楚支郡名山陂海咸納於漢諸侯稍微大國不過十餘城小侯不過數十里上足以奉貢職下足以供養祭祀以蕃輔京師而漢郡八九十形錯諸侯間犬牙相臨〔索隱曰錯音七各反錯謂交錯相銜如犬牙故云犬〕

牙相制言犬牙參差也秉其阸塞地利彊本幹弱枝葉之勢也尊卑明而萬事各得其所矣臣遷謹記高祖以來至太初諸侯譜其下益損之時令後世得覽形勢雖彊要之以仁義爲本

高祖元年	
楚 索隱曰高祖五年封韓	信六年王弟交也
齊 索隱曰四年封韓信六	年封子肥
荊 索隱曰六年封劉賈十	一年賈爲英布所殺其年立吳國封兄子濞也
淮南 索隱曰四年封英布十	一年反誅立子長
燕 索隱曰五年封盧綰十	一年亡入匈奴十二年立子建也
趙 索隱曰四年封張耳其	年薨明年子敖立八年廢爲宣平侯九年立子
梁 索隱曰五年封彭越十	一年反誅十二年立子恢
淮陽 索隱曰十一年封子	友後二年爲郡高后元年復爲國封惠帝子彊
代 索隱曰二年封韓王信	五年降匈奴十一年立子恒
長沙 索隱曰五年吳芮薨	六年子成王臣立爲長沙王

二

	都彭城
	都臨菑
	都吳
	都壽春
	都薊
如意	都邯鄲
	都淮陽
	都陳
	十一月初韓王信元年都馬邑徐廣曰

三

本紀及表高祖五年起始徙信故韓王孫二

四

初王信元年故相國

十月乙丑初王武王英布元年

三

五

齊王信徙爲楚

二徙楚

九月壬子初王

初王張耳元年

初王彭越元年

四降匈奴國除

二月乙未初王

王元年反廢

盧綰元年

爲郡

文王吳芮元年薨

六

正月丙午初王交元年交高

正月甲子初王悼惠王肥元

正月丙午初王劉賈元年

三

二

二

二

成王臣元年

	七	八	九		十	十一
祖弟也	二	三	四來朝		五來朝	六
年肥高祖子	二	三	四來朝		五來朝	六
	二	三	四		五來朝	六爲英布所殺國除
	四	五	六來朝		七來朝反誅	十二月庚午厲王長
	三	四	五		六來朝	七徐廣曰一云十月
	三	四廢	初王隱王如意元年如	意高祖子	二	三
	三	四	五來朝		六來朝反誅	二月丙午初王恢元
						二月丙寅初王友元
					後置代都中都	二月丙子初王元年
	二	三	四		五來朝	六

	十二
	七
	七
爲郡	更爲吳國十月辛丑初王濞
元年長高祖子	二
云入於匈奴	三月甲午初王靈王建元年
	四死
年恢高祖子	二
年友高祖子徙趙	二
	二
	七

	孝惠元年
	八
	八
元年濞高祖兄仲子	二故沛侯
	三
建高祖子	二
	淮陽王徙於趙名友元年
	三
	爲郡
	三
	八

	二	三	四	五	六	七	高后元年
	九來朝	十	十一來朝	十二	十三	十四來朝	十五
						初置魯國	四月元王張偃元年偃
	九來朝	十	十一來朝	十二	十三薨	哀王襄元年	二
	三	四	五	六來朝	七	八來朝	九
	四	五	六來朝	七	八	九來朝	十
	三	四	五	六來朝	七	八來朝	九
是爲幽王	二	三	四來朝	五	六	七來朝	八
						初置常山國	四月辛卯哀王不疑元
	四	五	六	七	八	九來朝	十
						初置呂國	四月辛卯呂王台元年
						復置淮陽國	四月辛卯初王懷王強
	四	五	六	七	八	九	十
	哀王回元年	二	三	四	五	六	七

	二		三
	十六		十七
高后外孫故趙王敖子	二		三
	三		四來朝
	十		十一
	十一		十三
	十		十一
	九		十
年薨	七月癸巳初王義元年	皇子哀王弟義孝惠子故襄城侯立為帝	二
	十一		十二
薨	十一月癸亥王呂嘉元	年嘉肅王子	二
元年強惠帝子	二		三
	十一		十二
	燕王右元年		二來朝

四十八
四
五
十二
十三
十二
十一
五月丙午初王朝元年朝惠帝子故軹侯。索隱曰軹音章是反軹縣在河內後文帝以封
十三
三
四十三
三

五	六
十九	二十
五	六
六	七
	初置琅邪國
十三	十四
十四來朝	十五
十三	十四
十二	十三
二	三
十四	十五
	嘉廢七月丙辰呂產元年產肅王弟故
四	
五無嗣	初王武元年
十四	十五
四	五

汶侯 索隱曰汶音交汶水所出縣名在沛

七
二十一
八
王澤元年故營陵侯索隱曰營陵縣名屬北海
十五
十六
十五絕
十四楚呂產徙梁元年
四
十六趙徙王呂產元年
二呂產徙王梁七月丁巳王太元年惠帝子
孝惠帝子故壺關侯武
十六
六

八
二十二
九
二
十六
十七
十月辛丑初王呂通元年肅王子故東平侯九
初王呂祿元年呂后兄子胡陵侯誅國除○索
五非子誅國除爲郡
二有罪誅爲郡
三
二
十七
七

	孝文前元	年	二
	二十三		夷王郢元年
	十薨		文王則元年
	初置成陽	郡	二月乙卯景王章元年
	初置濟北		二月乙卯興王居元年悼
	三徙燕		國除爲郡
	十七		十八
	十八		十九
月誅國除○索隱曰東平縣屬梁國	十月庚戌	琅邪王澤徙燕元年	二是爲敬王薨
隱曰胡陵縣屬山陽	十月庚戌	趙王遂元年	二幽王子
	分爲河間	都洛城	二月乙卯初王文王辟強
	初置太原	都晉陽	二月乙卯初王參元年參
	復置梁國		二月乙卯初王懷王勝元
	三武誅國	除	
	十八爲文	帝	二月乙卯初王武元年武
	八		九

三
二
二
二章悼惠子故朱虛侯。索隱曰朱虛縣名屬琅邪
惠王子 二興居故東牟侯。索隱曰東牟縣名屬東萊
十九來朝
二十來朝
康王嘉元年
三
元年辟強趙幽王子。索隱曰辟音璧 二
文帝子 二
年勝文帝子 二
復置淮陽國
文帝子 二徙淮陽
靖王著元年

四		五	六	七
三		四薨	王戊元年	二
三		四	五	六
共王喜元年		二	三	四
爲郡				
二十		二十一	二十二	二十三
二十一		二十二	二十三王無道遷蜀死雍	爲郡
二		三	四	五
四		五	六	七來朝
三		四	五	六
三更爲代王				
三		四	五	六來朝
代王武徙淮陽三年		四	五	六來朝
三太原王參更號爲代王三年實居太原是爲	孝王	四	五	六來朝
二		三	四	五

八	九	十	十一	十二	十三
三	四	五	六	七	八來朝
七來朝	八	九	十	十一來朝	十二
五	六來朝	七	八徙淮南爲郡屬齊		
二十四	二十五	二十六	二十七	二十八	二十九
				城陽王喜徙淮南元年	二
六來朝	七	八	九	十	十一
八	九	十	十一	十二來朝	十三
七來朝	八	九	十	十一來朝	十二
七	八	九	十來朝薨無後	十一淮陽王武徙梁是年爲孝王	十二
七	八來朝	九	十來朝徙梁爲郡		
七	八	九	十來朝	十一	十二
六	七	八來朝	九	十	十一

十四	十五	十六	後元年
九	十	十一	十二
	初置衡山	四月丙寅王勃元年	二淮南厲王子故安
十三	十四薨無後	四月丙寅孝王將閭元年	二齊悼惠王子故陽
	復置城陽國	淮南王喜徙城陽十三年	十四
	復置濟北國	四月丙寅初王志元年	二齊悼惠王子故安
	分為濟南國	四月丙寅初王辟光元年	二齊悼惠王子故初
	分為菑川都劇	四月丙寅初王賢元年	二齊悼惠王子故武
	分為膠西都宛徐廣曰樂安有宛縣	四月丙寅初王卬元年	二齊悼惠王子故平
	分為膠東都即墨	四月丙寅初王渠雄元年	二齊悼惠王子故白
三十	三十一	三十二	三十三
三	四徙城陽	四月丙寅王安元年	二淮南厲王子故阜
十二來朝	十三來朝	十四	十五
十四	十五	十六	十七
十三薨	哀王福元年薨無後國除為郡		
	初置廬江國	四月丙寅王賜元年	二淮南厲王子故陽
十三	十四來朝	十五	十六
十三	十四	十五	十六
十二	十三	十四	十五

	二	三	四	五		六	七
	十三	十四	十五	十六來	朝	十七	十八
陽侯	三	四	五	六		七	八
盧侯	三	四來朝	五	六		七	八
	十五	十六	十七	十八來	朝	十九	二十
都侯	三	四來朝	五來朝	六		七	八
侯	三	四來朝	五	六		七	八
成侯	三	四	五	六來朝		七	八
昌侯	三	四	五	六		七	八
石侯	三	四	五	六來朝		七	八
	三十四	三十五	三十六	三十七		三十八	三十九
陵侯	三	四	五	六		七來朝	八
	十六	十七	十八來朝	十九		二十	二十一
	十八	十九	二十來朝	二十一		二十二	二十三
周侯	三	四	五	六		七	八
	十七	十八來朝	十九	二十		二十一	二十二
	十七薨恭王登元年		二	三		四	五
	十六	十七	十八	十九		二十來朝	二十一來朝薨無後國除

孝景前元年	二		三
十九	二十來朝		二十一反誅
	分楚復置魯國		六月乙亥淮陽王徙魯元
九	十		十一
九	十		十一
二十一	二十二		二十三
九	十來朝		十一徙菑川
九	十		十一反誅
九	十		十一賢反誅濟北王志徙
九	十		十一反誅六月乙亥子王
九	十		十一反誅
四十	四十一		四十二反誅
九	十		十一
二十二	二十三		二十四
二十四	二十五來朝		二十六
復置河閒國	三月甲寅初王獻王德元年	景帝子	二來朝
初置廣川都信都	三月甲寅王彭祖元年景帝	子	二來朝
	初置中山都盧奴		六月乙亥靖王勝元年景
九	十		十一
二十三	二十四來朝		二十五來朝
初置臨江都江都	三月甲寅初王閼元年景帝	子。索隱曰閼音遏	二
初置汝南國	三月甲寅初王非元年景帝	子	二
初置淮陽國	三月甲寅初王餘元年景帝	子徙魯	二
六	七		八
復置長沙國	三月甲寅定王發元年景帝	子	二

年是爲恭王

菑川十一年是爲懿王
端元年景帝子。索隱曰謚法能優其德曰子

帝子

四四月乙巳立太子
文王禮元年王子故平陸侯
二來朝
十二徙濟北盧江王賜徙衡山王元年
懿王壽元年
二十四
十二
爲郡
十二
二
四月乙巳初王元年是爲孝武帝
初置江都六月乙亥淮南王非爲江都王元年
十二
二十五
爲郡
三
二
二
二
十二徙魯山國除爲郡
二十六
三薨無後國除爲郡
三徙江都
爲郡
九
三

	五		六
	二		三來朝薨
	三		四
	二		三
	二來	朝	三
	二十	五	二十六
	十三	薨是爲貞王	武王胡元年
	十三		十四
	三		四
	二		三
是爲易王○索隱曰謚法好更故舊爲易	二		三
	十三	來朝	十四
	二十	六薨	王定國元年
	廣川	王彭祖徙趙四年是爲敬肅王	五
	四		五
	四徙	趙國除爲信都郡	
	三		四
	二十	七	二十八
			復置臨江國
	十		十一
	四		五來朝

七十一月乙丑太子廢		中元	二
安王道元年		二來朝	三
五		六來朝	七
四		五	六
四		五	六
二十七		二十八	二十九來朝
三		三	四
十五		十六來朝	十七來朝
五		六來朝	七
四月丁巳爲太子復置膠東國		五復置膠東國	四月乙巳初王康王寄元
四		五	六
十五		十六	十七
二		三	四
六		七	八來朝
六		七	八來朝
		復置廣川國	四月乙巳惠王越元年景
五來朝		六	七
			初置清河都濟陽
二十九來朝		三十	三十一來朝
十一月乙丑初王閔王榮元年景帝子太子廢	爲王	二	三
二十		十三	十四
六來朝		七	八

三

八
七來朝
七
三十
五

十八
八
年景帝子　二
七
十八
五來朝
九
九
帝子　二
八
三月丁巳哀王乘元年景帝子

三十二

四坐寢廟壖垣為宮自殺國除為南郡○索隱曰音如川反壖垣廟境外之壖邊

十五來朝
九

	四	五		六
	五	六來朝		七
	九	十		十一
	八	九		十
	八	九		十
	三十一	三十二		三十三
	六	七		八
	十九	二十		二十一
	九	十		十一
	三	四來朝		五
	八	九		十
	十九來朝	二十		二十一
	六	七		八
	十	十一		十二
	十	十一		十二
	三	四		五
	九來朝	十		十一
	二	三		四
	復置常山國	三月丁巳初王憲王舜元年	孝景子	二
	三十三	三十四		三十五來朝薨
		分爲濟川國		五月丙戌初王明元年梁孝王子
也		分爲濟東國		五月丙戌初王彭離元年梁孝王子
		分爲山陽國		五月丙戌初王定元年梁孝王子
		分爲濟陰國		五月丙戌初王不識元年梁孝王子
	十六	十七		十八
	十來朝	十一來朝		十二

後元元年	二		三	孝武建元元年	二
八	九		十	十一	十二來朝
十二	十三		十四	十五	十六來朝
十一	十二		十三	十四	十五
十一	十二	來朝	十三	十四	十五
頃王延元年索隱曰頃音傾城陽王子	二		三	四	五
九	十來	朝	十一	十二	十三
二十二來朝	二十	三	二十四	二十五	二十六
十二	十三		十四	十五	十六
十六	七		八來朝	九	十
十一	十二		十三	十四	十五
二十二	二十	三	二十四	二十五	二十六來朝
九來朝	十來	朝	十一	十二	十三
十三來朝	十四		十五	十六	十七
十三來朝	十四		十五	十六	十七
十六	七		八	九	十
十二	十三		十四	十五	十六
五	六		七	八	九來朝
三	四		五	六	七
恭王買元年孝王子	二		三	四	五
二	三		四	五	六
二	三		四	五	六
二	三		四	五	六
二薨無後國除					
十九	二十		二十一	二十二	二十三
十三	十四		十五	十六	十七

三	四		五
十三	十四		十五
十七	十八		十九
十六	十七		十八
十六	十七		十八
六	七		八
十四	十五		十六
二十七	二十	八	二十九
十七	十八		十九
十一	十二		十三
十六	十七	來朝	十八
二十七	二十	八	二十九
十四	十五		十六
十八	十九		二十
十八	十九		二十
十一	十二		繆王元年徐廣曰齊立此五年以征和元
十七來朝	十八		十九
十	十一		十二薨無後國除爲郡
八	九來	朝	十
六	七薨		平王襄元年
七明殺中傅徐廣曰一作太傅發遷房陵	八爲	郡	
七	八		九
七	八		九薨無後國除爲郡
二十四來朝	二十	五	二十六
十八來朝	十九		二十

六	元光元年	
十六	十七	
二十	二十一	
十九	二十	
十九	二十	
九	十來朝	
十七	十八	
三十	三十一	
二十來朝	二十一	
十四	十五來朝	
十九	二十	
三十	三十一	
十七	十八來朝	
二十一來朝	二十二	
二十一	二十二	
二	三	年乙丑有罪病死謚曰懿○索隱曰廣川惠王子謚法名與實乖曰繆
二十	二十一	
十一	十二	
二	三	
十	十一	
二十七	二十八	
二十一	二十二	

二	三	四	五
十八來朝	十九來朝	二十	二十
二十二	二十三	二十四	二十
二十一	二十二	二十三	二十
二十一	二十二卒	厲王次昌元年	二
十一	十二	十三	十四
十九	二十	二十一	二十
三十二	三十三	三十四	三十
二十二	二十三	二十四	二十
十六	十七	十八	十九
二十一	二十二	二十三	二十
三十二	三十三	三十四	三十
十九	二十	二十一	二十
二十三	二十四	二十五	二十
二十三	二十四	二十五	二十
四	五	六	七
二十二來朝	二十三來朝	二十四	二十
十三	十四	十五	十六
四	五	六	七
十二	十三	十四來朝	十五
二十九	王義元年	二	三
二十三來朝	二十四來朝	二十五	二十

	六	元朔元年
一	二十二薨	襄王注元年
五	二十六薨	安王光元年
四	二十五	二十六
	三	四
來朝	十五	十六
二	二十三	二十四來朝
五薨	靖王建元年	二
五	二十六	二十七
	二十	二十一
四	二十五	二十六
五	三十六	三十七
二	二十三	二十四坐禽獸行自殺
六	二十七來朝	二十八
六來朝	恭王不害元年	二
	八	九
五	二十六	二十七
	十七	十八
	八	九
	十六	十七
	四	五
六	二十七	康王庸元年

	二	三	四	五	六
	二	三	四來朝	五	六
	二	三	四	五	六
	二十七	二十八	二十九	三十	三十一
	五薨無後國除爲郡				
	十七	十八	十九	二十	二十一
	二十五	二十六	二十七	二十八	二十九
	三	四	五	六	七
	二十八來朝	二十九	三十	三十一	三十二
	二十二	二十三	二十四	二十五來朝	二十六
	王建元年	二	三	四	五
	三十八	三十九	四十	四十一安有罪削國二縣	四十二
國除爲郡					
	二十九	三十	三十一	三十二	三十三
	三	四薨	剛王堪元年	二	三
	十	十一	十二	十三	十四來
	二十八	二十九來朝	三十	三十一	三十二
	十九	二十	二十一	二十二來朝	二十三
	十來朝	十一	十二	十三	十四
	十八	十九	二十來朝	二十一	二十二
	六	七	八	九	十
	二	三	四	五	六

	元狩元年	二	
	七	八	
	七	八來朝	
	三十二反自殺國除		
來朝	二十二	二十三	
	三十	三十一	
	八	九	
	三十三	三十四	
	二十七	二十八	
	六	七反自殺國除	爲廣陵郡
	四十三反自殺爲六安郡	以故陳爲都七	月丙子徐廣曰一云壬子初王恭王慶元年膠
	三十四來朝	三十五	
	四	五	
朝	十五	十六	
	三十三	三十四	
	二十四	二十五	
	十五	十六	
	二十三	二十四	
	十一	十二來朝	
	七	八來朝	

	三	四	五	六
	九	十來朝	十一	十二
	九	十	十一	十二
			復置齊國	四月乙巳初王懷王閎元年武帝子
	二十四	二十五	二十六來朝薨	敬王義元年
	三十二來朝	三十三	三十四	三十五
	十	十一	十二來朝	十三
	三十五	三十六	三十七	三十八
	哀王賢元年	二	三	四
			更爲廣陵國	四月乙巳初王胥元年武帝子
東王子	二	三	四	五
			復置燕國	四月乙巳初王剌王旦元年武帝子。索
	三十六	三十七	三十八	三十九
	六	七	八	九來朝
	十七	十八	十九	二十
	三十五來朝	三十六	三十七	三十八
	二十六	二十七	二十八	二十九來朝
	十七	十八	十九	二十
	二十五	二十六來朝	二十七	二十八
	十三	十四	十五	十六
	九	十	十一	十二

三	二		元鼎元年	
節王純元年	十四薨		十三	
十五	十四來朝		十三	
初置泗水都郯徐				
四	三		二	
四	三		二	
三十八	三十七		三十六	
十六	十五		十四	
四十一	四十		三十九	
七	六		五	
四	三		二	
八	七		六	
四	三		二	隱曰諡法暴慢無親曰剌
四十二	四十一		四十	
十二薨	十一		十	
二十三	二十二		二十一來朝	
四十一來朝	四十		三十九	
復置清河郡				
三十二薨子為王	三十一		三十	
二十三	二十二		二十一	
		上庸國為太河郡	二十九剽攻殺人遷	
十九從清河為太	十八來朝		十七	
十五來朝	十四		十三	

	四		五
	二		三
	十六		十七
廣曰泗水屬東海	思王商元年徐廣曰一云勤	王商元年商恒山憲王子	二
	五		六
	五		六
	三十九		四十
	十七		十八
	四十二		四十三
	八		九
	五		六
	九		十
	五		六
	四十三		四十四
	頃王授元年		二
	二十四		二十五來朝
	四十二薨		四十三哀王昌元年
	二十代王義徙清河年是爲	剛王	二十一
	更爲眞定國頃王平元年常	山憲王子	二
	二十四		二十五
原郡			
	十六		十七

六
四
十八
三
七
七
四十一來朝

十九
四十四
十
七
十一來朝
七
四十五
三
二十六
即年薨康王昆侈元年索隱曰蕭該云謚法好樂怠政曰康漢書作糠昆侈名
二十二
三
二十六

十八

元封元年
五
十九
四
八薨無後國除
八來朝
四十二

二十
四十五
十一
八
十二
八
四十六
四
二十七
二
二十三
四來朝
二十七

十九

	二	三	四	五
	六	七	八	九
	二十	二十一來朝	二十二	二十三朝泰山
	五	六	七	八
為郡				
	九薨	彗王武元年	二	三
	四十三	四十四	四十五	四十六朝泰山
	項王遺元年索隱曰濟南王辟光之子	二	三	四
	四十六	四十七薨無後國除		
	十二	十三	十四	戴王通平元年
	九	十	十一	十二
	十三	十四	十五	十六
	九	十	十一	十二
	四十七	四十八	四十九	五十
	五	六	七	八
	二十八	二十九	三十	三十一
	三	四	五	六
	二十四	二十五來朝	二十六	二十七
	五	六	七	八
	二十八	二十九	三十	三十一
	二十	二十一	二十二	二十三

六	太初元年	二	
十	十一	十二	
二十四	二十五	二十六	
九	十	薨。子哀王安世元年即戴	王賀元年安世子。索隱曰賀廣川惠王子
四	五	六	
四十七	四十八	四十九	
五	六	七	
二	三	四	
十三	十四	十五	
十七	十八來朝	十九	
十三	十四	十五	
五十一	五十二	五十三	
九	十	十一	
三十二	三十三	三十四	
七	八	九來朝	
二十八	二十九	三十	
九來朝	十	十一	
三十二	三十三	三十四	
二十四	二十五	二十六	

三	四
十三	十四
二十七	二十八
二	三
七薨 五十	荒王賀元年 五十一
八	九
五	六
十六	十七
二十	二十一
十六	十七
五十四	五十五
十二	十三
三十五	三十六
十一	十二
三十一	三十二
十二	十三
三十五	三十六來朝
二十七	二十八來朝

徐廣曰孝武太始二年廣陵中山眞定五年朝孝宣本始元年趙來朝二年廣川來朝四年清河來朝孝宣地節元年梁來朝二年河間來朝三年濟北來朝濟北分平原太山二郡

索隱述贊曰

漢有天下 爰鑒興亡 始誓河岳
言峻寵章 淮陰就楚 彭越封梁
荊燕懿戚 齊趙棣棠 犬牙相制
麟趾有光 降及文景 代有英王
魯恭梁孝 濟北城陽 仁賢足紀
忠烈斯彰

漢興以來諸侯年表第五　史記十七